Bibliografische Information der Deutschen Nationalbibliothek:

Die Deutsche Bibliothek verzeichnet diese Publikation in der Deutschen National-
bibliografie; detaillierte bibliografische Daten sind im Internet über http://dnb.d-
nb.de/ abrufbar.

Impressum:

Copyright © 2012 GRIN Verlag, Open Publishing GmbH
Druck und Bindung: Books on Demand GmbH, Norderstedt Germany
ISBN: 9783668535633

Dieses Buch bei GRIN:

http://www.grin.com/de/e-book/376422/der-schriftspracherwerb-im-deutschen-
raum-inwieweit-kann-paul-maars-der

Anna Witzstrock

Der Schriftspracherwerb im deutschen Raum. Inwieweit kann Paul Maars "Der Buchstabenfresser" dazu beitragen die Rechtschreibung von Kindern zu verbessern?

GRIN Verlag

GRIN - Your knowledge has value

Der GRIN Verlag publiziert seit 1998 wissenschaftliche Arbeiten von Studenten, Hochschullehrern und anderen Akademikern als eBook und gedrucktes Buch. Die Verlagswebsite www.grin.com ist die ideale Plattform zur Veröffentlichung von Hausarbeiten, Abschlussarbeiten, wissenschaftlichen Aufsätzen, Dissertationen und Fachbüchern.

Besuchen Sie uns im Internet:

http://www.grin.com/

http://www.facebook.com/grincom

http://www.twitter.com/grin_com

Universität Erfurt

Fachbereich Primare und elementare Bildung

Einführung in die Deutschdidaktik - Schriftspracherwerb

Wintersemester 2012/13

Diskussion über ein didaktisches Material

„Der Buchstabenfresser – positiv oder negativ?"

Verfasserin: Anna-Katharina Witzstrock

Inhaltsverzeichnis   Seite

1. Einleitung

Die PISA-Studie, die im Jahre 2000 durchgeführt wurde, zeigt, dass dem deutschen Schriftspracherwerb mehr Bedeutung zukommen muss. Die deutschen Schülerinnen und Schüler stehen hinsichtlich ihrer Lesekompetenz, im Vergleich zu anderen Ländern, bei dieser Studie im Mittelfeld. Gut ausgestattete Schulen und gute Lehrkörper sind oftmals nicht ausreichend, was diese Thematik angeht.[1] Gerade im Vorschulalter (Kindesalter 5 bis 6 Jahre) sollten Kinder der Problematik des Anlautes eines Wortes gewachsen sein. Der Schriftspracherwerb ist von dem alphabetischen Verständnis der Sprache abhängig, die durch unterschiedliche Methodiken geschult werden kann.[2] Der Schriftspracherwerb unterteilt sich in drei Phasen. Die Aneignung findet in der ersten Phase „logographisches Lesen" statt, das rein visuell dargestellt wird, um fortfolgend den Sinn des „alphabetischen Schreibens" zu verstehen. Hat das Kind das verinnerlicht, kann es erste Lautstrukturen in das Schriftbild modifizieren.[3]   Skandinavische und deutsche Trainingsstudien beweisen, dass Kinder, die mit dem spielerischen Umgang die Schriftsprache erlernen, meist in der zweiten und dritten Klasse eine bessere Lesekompetenz aufweisen.[4] Deshalb soll diese Methodik im Näheren anhand eines Beispiels erläutert werden.

Im ersten Abschnitt sollte eine kurze Zusammenfassung des didaktischen Textes „Der Buchstaben-Fresser" von Paul Maar einen Überblick über das Beispiel verschaffen. Desweiteren wird dieses Beispiel anhand positiver und negativer Kritik betrachtet. Das Ende der Hausarbeit bildet ein Fazit.

---

[1] Vgl. Baumert & Schumer, In: Baumert u.a. (Hrsg.), 2000, S. 159–202
[2] Vgl. www.db-thueringen.de
[3] Vgl. Mannhaupt, 2002, S. 51f.
[4] Vgl. Küspert, 1998, S. 35ff.

3

2. Kurze Zusammenfassung des Buches „Der Buchstaben-Fresser"

„Der Buchstaben-Fresser" von Paul Maar ist ein Lesebeispiel, das in der ersten und zweiten Jahrgangsstufe eingesetzt werden kann. Diese Geschichte befasst sich mit einem Fabelwesen, das sehr gefräßig ist. Das Wesen frisst Buchstaben auf bzw. tauscht diese aus, sodass neue Wörter entstehen. Durch einen spielerischen Umgang im Schriftspracherwerb sollen Schülerinnen und Schüler lernen, dass Wörter mit nur einer Buchstabenveränderung einen völlig neuen Sinn ergeben können. Die Geschichte gibt einige Beispiele vor, wie die „Schale". Aus der „Schale" wurde durch das gefräßige Wesen das Wort „Schule". Die Aufgabe der Kinder besteht darin, sich Wörter auszudenken, die sich zerlegen lassen, um somit neue zu erfinden. Ziel dieser Methode ist es, den Kindern durch einen spielerischen Umgang mit einzelnen austauschbaren Buchstaben den Schriftspracherwerb zu gewährleisten.

3. Bewertung der Einsatzmöglichkeiten des Buches
3.1 positive Aspekte

Der spielerische Umgang fördert das Bewusstsein für Lautstrukturen der Wörter und ein phonologisches Verständnis. Dieses setzt allerdings voraus, dass Kinder Wörter zerlegen können. Wichtig hierbei ist es, dass Lehrerinnen und Lehrer eine klare Aufgabenstellung formulieren und somit eine Durchschaubarkeit der Aufgabe garantieren. So können Kinder die Handlungen im Deutschunterricht nachvollziehen, um spätere Aufgabenstellungen konkreter erledigen zu können.[5] In dem Textbeispiel, dass das genannte Buch didaktisch ergänzt, wird eine Unterrichtseinheit dargestellt, die einen konkreten Ablaufplan besitzt. Dieser ist meiner Meinung nach sehr gut aufgebaut. Die Kinder werden langsam an das Thema herangeführt. Sie sollen am Anfang den Buchstabenfresser nach ihrer eigenen Phantasie malen, was die Motivation der Kinder in diesem Alter weckt und eine langsame Hinführung zum Thema ermöglicht. Ohne dieses Vorgehen wird es schwierig das Ziel des Schriftspracherwerbs im Auge zu behalten, da diese Motivation Ideen entwickeln lässt und vorhandenes Wissen bereitstellt.[6] Klassische Abschreibübungen zeichnen sich dadurch aus, dass die Wörter einfach nur ins Heft übernommen werden. Eigene

---

[5] Bergk, 1980 S. 46ff.
[6] Vgl. Spitta, 1998, S.30ff.

kreative Ideen und die Weiterentwicklung der Selbstständigkeit werden dabei außer Acht gelassen.

Desweiteren gibt es bei diesem Modell kein „Richtig" oder „Falsch". Selbst erfundene Wörter werden nicht ausgeschlossen, solange sie neue ergeben. Das ermöglicht den Schülerinnen und Schülern eine gewisse Selbstkontrolle. Es gibt keine starre vorgelegte Lösung, die viele Kinder unter Druck setzen könnte. Gerade der eigene Kontrollprozess ermöglicht ein neues Überdenken und Überarbeiten des Textes. Ist das Kind hier schon durch ein „Falsch" demotiviert, werden der Textentwurf und das weitere Schreibverhalten stark beeinflusst. Kinder haben im Alter von 6 Jahren nach Hannelore Grimm das Vermögen, sich selbst zu korrigieren und Beurteilungsaufgaben sowie Korrekturaufgaben eigenständig durchzuführen.[7]

„Banale" und eher äußerlich gehaltende Korrekturen durch die Lehrperson nehmen Kindern die Möglichkeit eigene Überarbeitungsprozesse und das selbstständige Engagement durchzuführen.[8] Auch der unterschiedliche Leistungsstand der Kinder ist in dieser Hinsicht kein Nachteil. Das phantasievolle Erfinden von neuen Wörtern schließt Kinder mit einem niedrigeren Leistungsstand nicht aus. Es ist keine bestimmte Buchstabenfolge bzw. kein starres Konzept vorgegeben.

Da es die Geschichte des Buchstaben-Fressers auch als Hörbuch gibt, können beide Medien gleichzeitig eingesetzt werden, um nicht nur das visuelle Vorstellungsvermögen der Kinder zu verbessern, sondern auch den auditiven Einlass zu gewährleisten. Dieses Hörbuch kann weiterhin das phonologische Bewusstsein fördern, das die Grundlage für den Schriftspracherwerb bildet. Auditives Lernen setzt gewisse sensomotorische Fähigkeiten des Kindes voraus. Ohne Wahrnehmung ihres Umfeldes und der eigenen Wahrnehmung können Kinder in ihren Entwicklungsstufen eingeschränkt werden. Das Hören hat eine hohe Signifikanz. Schon im frühen Alter machen Kinder durch ihre Hörerlebnisse ihre ersten Erfahrungen und gewinnen Sinneseindrücke. Der Schriftspracherwerb baut sich auf der Lautstruktur auf, d.h. die Aufmerksamkeit des Kindes sollte sich auf die Struktur der einzelnen Wörter fixieren. Um dies bei den Grundschulkindern zu fördern, sollte die auditive Wahrnehmung gefördert werden. Diese Förderung findet durch die bewusste Wahrnehmung von bestimmten Betonungen, Silben, Sätzen, Lauten, etc.

---

[7] Vgl. Grimm,1995. S. 731
[8] Vgl. Spitta, 1998. S.33ff.

statt.[9] Das Hörbuch „Der Buchstaben-Fresser" spielt daher für Sprachverstehen, Sprachgedächtnis, Sprache, Sprechen und dem phonologischen Bewusstsein eine wichtige Rolle. Wenn der auditive Aspekt in der Grundschule fehlen würde, wäre ein erfolgreiches Lernen bzw. die Hilfe im metasprachlichen Zweig nur zum Teil erfüllt.[10] Studien bestätigen den beliebten Gebrauch von Hörspielen im Alltag der Kinder. Circa 46 Prozent der 6 bis 13 Jährigen hören täglich Hörkassetten.[11] Dies beweist, dass Kinder Spaß daran haben. Lehrkörper können durch die Verwendung von Hörspielen, z.B. „Der Buchstaben-Fresser", den Aspekt des Spaßes mit Motivation und Aufmerksamkeit verbinden und somit eine phantasievolle und abwechslungsreiche Unterrichtsmethode bieten.

Neben diesen positiven Aspekten kann der Einsatz dieser Methode auch Nachteile beinhalten.

3.2 negative Aspekte

In dieser Unterrichtseinheit setzen Lehrkörper voraus, dass Kinder einen eigenen schon vorhandenen Wortschatz haben, den sie für die Neubildung von Wörtern benötigen. Allerdings ist dieser, gerade in der ersten Klasse, noch nicht so weit ausgebildet. Schwächere Schüler haben zwar durch die offene Gestaltung des Unterrichts eine Chance, Wörter selbst zu erfinden, aber ob dies mit der eigenen Vorstellungskraft möglich ist, ist fraglich. Diese Kinder finden eventuell keine eigenen Wörter. Phantasiewörter können vielleicht erfunden werden, aber die Erreichung des Zieles der Erweiterung des Wortschatzes durch richtige Wörter könnte nicht gewährleistet sein. Die Phantasiewörter dienen eher zum Verständnis der Silbentrennung und sollten zunächst nur als Einstieg in diese Unterrichtseinheit benutzt werden. Das phonologische Bewusstsein dieser Kinder ist von ihrem Wortschatz abhängig. Ist dieser nicht genügend vorhanden, ist das Erlernen der richtigen Aussprache der Wörter durch den alleinigen Klang des Wortes nicht gegeben.

Weiterhin ist es schwierig den Leistungsstand der Kinder zu kontrollieren. Im Aufbau der Unterrichtseinheit ist vorgesehen, dass Schülerinnen und Schüler selbstständig als Hausaufgabe Wörter, die sich neu bilden lassen, finden. Jedes Kind soll zur

---

[9] Vgl. Günther, 2007, S. 158ff.
[10] Vgl. Günther, 2003, S. 31f.
[11] Vgl. www.mediaculture-online.de

nächsten Stunde unterschiedliche Wörter mitbringen. Eine anschließende Leistungskontrolle ist hier eher schwierig durchzuführen, da nicht alle Kinder durch die Hausaufgabe den gleichen Wortschatz erlernt haben. Die Entwicklung des Wortschatzes ist sehr unterschiedlich und weiterhin abhängig von der sozialen und räumlichen Erfahrung, die das Kind durch ihre Bezugspersonen erfährt.[12] Das heißt, dass beispielsweise Kinder mit Migrationshintergrund, deren Elternteile nicht gut deutsch sprechen können, einen dementsprechend kleineren Wortschatz haben, als Kinder, deren Eltern in Deutschland geboren sind. Das bedeutet wiederum für die Lehrkraft, dass das Kind mit Migrationshintergrund Schwierigkeiten haben könnte, zu Hause geeignete Wörter zu suchen, die man durch den Austausch von Buchstaben neu entstehen lassen kann.

4. Fazit

Es gibt sehr viele unterschiedliche Lernstrategien und -hilfen, Lerntechniken und -methoden. Die eine richtige Methode ist hier schwer zu finden. Der Einsatz des „Buchstaben-Fressers" ist meiner Meinung nach eine sehr gute Möglichkeit, die im offenen und fibelfreien Unterricht eingesetzt werden kann. Die oben aufgeführten negative Aspekte müssten allerdings berücksichtig werden, z.B. bei der späteren Leistungsbeurteilung, die auf dieser Einheit aufbaut. Schülerinnen und Schüler, die leistungsschwächer sind, sollten durch individuelle Förderungen unterstützt werden, damit sie den Anschluss im Unterricht nicht verlieren und die darauffolgende Hausaufgabe ohne Schwierigkeiten erledigen können. Die sorgfältige Planung des Unterrichts mit dem „Buchstaben-Fresser" ist deshalb sehr wichtig, da die schulischen Misserfolge oder Erfolge von Kindern einen erheblichen Einfluss auf ihr späteres schulisches Engagement und dem Vertrauen auf die eigenen Leistungsmöglichkeiten haben.

---

[12] Vgl.Hanke & Möwes-Butschko, u.a. (Hrsg.), 2010, S. 31ff.

I   Literatur

Baumert, J., & Schumer, G. : Familiare Lebensverhaltnisse, Bildungsbeteiligung und Kompetenzerwerb im nationalen Vergleich. In J. Baumert u.a. (Hrsg.), PISA: Die Länder der Bundesrepublik Deutschland im Vergleich (S. 159–202). Opladen: Leske + Budrich 2002.

Bergk, Marion : Leselernprozess und Erstlesewerke. Bochum. 1980.

Grimm, Hannelore: Sprachentwicklung – allgemeintheoretisch und differenziel betrachtet. Weinheim 1995.

Günther, Herbert. Schriftspracherwerb und LRS: Methoden, Förderdiagnostik und praktische Hilfen. Beltz Verlag Weinheim, Basel und Berlin 2007.

Günther, Herbert. Sprachförderung: Die Fitness-Probe. Bausteine für einen erfolgreichen Schulanfang. Beltz Verlag Weinheim, Basel und Berlin 2003.

Hanke, Petra. Möwes-Butschko, Gudrun. Heim, Anna Katharina. Berntzen, Detlef. Thieltges, Andree (Hrsg.): Anspruchsvolles Fördern in der Grundschule. Zentrum für Lehrerbildung, Münster 2010.

Küspert, Petra: Phonologisches Bewusstsein und Schriftspracherwerb: Zu den Effekten vorschulischer Förderung der phonologischen Bewusstsein auf den Erwerb des Lesens und Rechtschreibens. Frankfurt 1998.

Mannhaupt, Gerd: Kognitive Lernprobleme in der Grundschule: Von den Ursachen zu den Voraussetzungen des Lernens. 2002.

Spitta, Gudrun: Freies Schreiben – kurzlebige Modeerscheinung oder didaktische Konsequenz aus den Ergebnissen der Schreibprozeßforschung?. In: Dies. (Hg.): Freies Schreiben – eigene Wege gehen. Lengwil am Bodensee 1998.

II   Quellenverzeichnis

Landesmedienzentrum Baden – Württtenberg Stuttgart. Medienpädagogik und Medienkultur. Das Portal zur Medienbildung:

http://www.mediaculture-online.de/fileadmin/bibliothek/rogge_hoeren/rogge_hoeren.pdf. (09.12.2012) S. 6f.

Dipl.-Psych. Evelyn Rothe: Effekte eines vorschulischen und schulischen Trainings der phonologischen Bewusstheit auf den Schriftspracherwerb in der Schule: Vergleich der Trainingseffekte bei zwei verschiedenen Altersgruppen von Kindergartenkindern, 2007,

http://www.db-thueringen.de/servlets/DerivateServlet/Derivate-11640/Dissertation.pdf (11.12.2012). S. 30ff.